AF290323

DEVENIR UNE STAR DU WEB

Blog, vlog, chaîne YouTube,... Trucs et astuces pour se démarquer sur les réseaux sociaux

Par Elise Evrard

50MINUTES.fr

DEVENIR UNE STAR DU WEB

BLOG, VLOG, CHAÎNE YOUTUBE,... TRUCS ET ASTUCES POUR SE DÉMARQUER SUR LES RÉSEAUX SOCIAUX

- **Problématique ?** Comment devenir une star du Web en partageant sa passion sur un blog, vlog ou une chaîne YouTube ?
- **Utilité ?** Internet est un outil formidable pour partager une passion et se faire connaître du plus grand nombre, avec d'éventuels débouchés possibles au niveau professionnel.
- **Contexte professionnel ?** Communication, marketing.
- **FAQ ?**
  - Que faire les jours où je n'ai vraiment pas de temps à consacrer à mon activité ?
  - Je suis timide et j'ai peur d'être ridicule, ce n'est donc pas pour moi... Si ?

- J'ai des idées, mais le côté technique me fait peur, comment faire ?
- Comment faire pour que les internautes m'aiment ?
- Faut-il faire le buzz pour réussir ?
- Pourrais-je gagner ma vie avec mon blog, mes vlogs ou ma chaîne YouTube ?
- Comment lancer une chaîne YouTube mode qui marche quand il en existe déjà des dizaines ?

Ils sont sportifs, pâtissiers amateurs, passionnés de maquillage ou accros aux jeux vidéo et sont suivis par des milliers, voire même des millions de *followers*. Tutoriels *make-up*, conseils mode, critiques de films, leçons de salsa ou capsules vidéo humoristiques, il y en a pour tous les goûts. En vivant des vues et clics de leurs fans, ces phénomènes du Web révolutionnent le sens du mot « travail » et se créent une véritable carrière 2.0. Une voie aujourd'hui accessible à tous grâce aux réseaux sociaux, aux plateformes vidéo gratuites et à la facilité avec laquelle tout un chacun peut créer du contenu avec un simple smartphone.

Cela vous fait rêver ? Vous aimeriez vous aussi partager votre passion sur la Toile ? Que vous vous lanciez dans l'aventure d'un blog, d'un vlog ou d'une chaîne YouTube, tout ce dont vous avez besoin est d'une connexion internet, d'une motivation sans faille et d'une volonté féroce de partager votre passion. Vous disposez de tout cela ? Alors vous êtes déjà bien équipé pour débuter votre activité *online*.

Qu'est-ce qu'un vlog ? Comment lancer une chaîne YouTube ? Quels sont les pièges à éviter ? Laissez-nous vous accompagner dans vos premiers pas et suivez nos conseils pour mettre sur pied une activité web à succès. Suivez les conseils avisés des stars du Web Tibo InShape, Norman et Elsa MakeUp, découvrez comment tenir la route sur le long terme et apprenez comment vous démarquer des autres blogueurs ou youtubeurs.

B.A.-BA DE LA STAR DU WEB

TROIS *SUCCESS-STORIES* INSPIRANTES

Qu'on se le dise : devenir une star de la Toile est la portée de tous, quel que soit votre degré d'études et quels que soient vos moyens financiers. Car lancer un blog, un vlog ou une chaîne YouTube à succès, c'est surtout une question de temps, de motivation et d'originalité. Laissez-nous vous présenter ces trois *success-stories* qui ont conquis le Web... Et qui sait, peut-être que la prochaine sera la vôtre ?

Norman fait des vidéos

À tout juste 30 ans, Norman Thavaud, jeune Français originaire du Pas-de-Calais, se rapproche tout doucement de la barre des dix millions d'abonnés sur sa chaîne YouTube.

Son truc ? Des mini-vidéos de quatre minutes où il incarne « Monsieur tout le monde » et parle de sa vie de tous les jours avec un humour décalé. Son atout ? Sa simplicité.

Visionnées plusieurs millions de fois, ses vidéos sont tournées dans son appartement en compagnie de son chat (d'abord Sergi, puis Merlin). Après de nombreux passages sur les écrans d'ordinateur, le petit écran (dans la série française *Dix pour cent* [2015], par exemple) et même le grand écran (en 2017, on le retrouve au casting de *Alibi.com* de Philippe Lacheau [acteur, scénariste et réalisateur français, né en 1980]), Norman est passé à la scène avec son spectacle *Norman sur scène* en 2015.

Ses vidéos les plus populaires : « Luigi clash Mario », « Assassin des Templiers » et « Avoir un chat ».

Elsa MakeUp

Le moins que l'on puisse dire, c'est qu'Elsa est une passionnée : « La beauté, c'est ma passion, je suis dingue de l'univers des cosmétiques et je suis profondément reconnaissante de pouvoir vivre de ma passion. » (cité par DE TROGOFF (Chloé), « Elsamakeup : le fabuleux destin d'Elsa, beauty addict en fauteuil roulant », in *puretrend.com*)

Une passion qu'elle a décidé de partager en 2010 via sa chaîne beauté ElsaMakeUp, devenant très vite l'une des youtubeuses beauté les plus populaires de France : « Tous ces gens qui s'abonnaient à ma chaîne peu à peu, c'était incroyable, ça m'a donné confiance en moi et encouragé à continuer. » (*ibid.*) Avec aujourd'hui un peu plus de 700 000 abonnés, Elsa peut être fière du chemin parcouru. D'autant plus que cette véritable vedette de la Toile a une particularité : elle est paraplégique, ce qui ne l'a pas empêchée de vivre ses rêves.

Ses vidéos consistent en des tutoriels de maquillage et astuces beauté qu'elle publie chaque mercredi et samedi. Elle a elle-même appris à se maquiller en visionnant des vidéos et aujourd'hui, c'est elle qui inspire toute une génération de jeunes filles au travers d'une *success-story* qui n'est pas prête de s'arrêter.

Ses vidéos les plus populaires : « Réussir son trait de liner », « Mon histoire » et « SWAP avec EnjoyPhoenix ».

Tibo InShape

Thibaud Delapart, ce jeune Toulousain d'une vingtaine d'années, a vu son succès sur YouTube gonfler aussi vite que ses avant-bras. Parce qu'avec une vidéo chaque semaine depuis 2008, ce youtubeur muscu est devenu la coqueluche sport d'Internet. Un succès pour le moins inattendu, comme l'exprime Thibaud : « Lors de ma dernière année d'étude, j'ai commencé à réaliser mes premières vidéos sur la muscu pour m'amuser, et comme ça a marché, j'ai décidé de m'y consacrer à 100 %. » (cité par RAYNAUD (Claire), « Tibo InShape : le bodybuilder toulousain qui règne sur internet ! », in *ladepeche.fr*, 20 mars 2016)

Dans ses vidéos, il donne des conseils sur la muscu bien sûr, mais aussi sur l'hygiène alimentaire, la confiance en soi, les filles, etc. Aujourd'hui, le roi de la gonflette 2.0 est suivi par plus de trois millions d'abonnés. Un succès qui ne lui est pas monté à la tête : « Je continue à réaliser mes tournages dans ma chambre, dans le salon de mes parents ou dans ma salle de sport, avec les moyens du bord. » (*ibid.*) Aujourd'hui, le jeune diplômé d'une école de commerce a lancé sa propre ligne de vêtements et continue d'inspirer toute une génération d'internautes.

Ses vidéos les plus populaires : « La nouvelle Madame InShape ? », « Le sport le plus extrême » et « Le trampoline park le plus fun ».

Bien se connaître

Si vous lisez ces lignes, c'est que vous avez déjà un projet en tête, ou du moins, une petite idée qui trotte dans votre esprit depuis quelque temps. C'est déjà un bon début. Quelle que soit la passion que vous souhaitez partager – la cuisine moléculaire, la macrophotographie ou les aventures de votre Poupi – soyez sûr(e) d'être en mesure de répondre aux questions suivantes :

- **De quoi vais-je parler ?** Essayez de définir votre thème au maximum.
- **Quels sont mes objectifs ?** Me faire connaître, faire connaître ma passion, partager avec d'autres, rencontrer des personnes qui ont la même passion que moi, m'amuser, etc.
- **Combien de temps pourrai-je consacrer à cette activité ?** Deux heures par jour, un jour par semaine, quatre jours par mois, etc.
- **Quel est mon public cible ?** Les adolescents, les femmes, les sportifs, etc. Définir son public, c'est aussi définir son vocabulaire et *tone of voice* (le ton de la chaîne, le style de communication employé).

<u>**PETIT PLUS**</u>

Ce qui fait de vous une personne unique, c'est ce petit truc en plus, cette valeur ajoutée que vous apportez. Et si vous voulez avoir du succès sur le Web et donner envie aux gens de vous suivre, vous devez faire de cette singularité votre force.

Vous souhaitez lancer une chaîne YouTube de cuisine ? Parfait. Maintenant, ajoutez-y votre valeur ajoutée : de l'humour, une technique innovante, un angle nouveau, etc. Pourquoi ? Parce que vous ne serez pas la première ni la dernière personne à faire des vidéos de cuisine. Par contre, vous serez peut-être le/la premier/première à publier des recettes avec des commentaires super drôles ou en dansant les claquettes. Soyez original et démarquez-vous, c'est la clé du succès !

BIEN CHOISIR SON MÉDIA

Entre les blogueurs, youtubeurs, vlogueurs et soufflés au chou-fleur, vous ne savez plus trop où vous en êtes ? Petite mise au point :

- **Le blog** : site web ou partie de site web sur lequel vous publiez de manière régulière des articles sur un sujet donné. Chaque article est appelé « billet » et apparaît du plus récent au plus ancien. Non, le blog n'est pas *has been* ! Le skyblog à l'interface peu engageante et peu fonctionnelle, c'est du passé. Aujourd'hui, le blog se présente sous une forme très agréable à lire et peut paraître très professionnel. Si vous avez une bonne plume et des choses à dire, le blog est le canal idéal pour vous.

  Pour qui ? Journaliste, écrivain, chroniqueur, mais aussi dessinateur, photographe, graphiste, voyageur, etc.

  Comment ? Les sites qui vous permettent d'héberger gratuitement votre blog ne manquent pas. Les plus utilisés sont <u>blogger.com</u> et <u>wordpress.com</u>. Ces plateformes sont pratiques et très faciles à utiliser. Elles vous permettront de créer un blog qui en jette en très peu de temps. Bonne nouvelle donc : pas besoin d'être un as de l'informatique pour vous lancer dans l'aventure.

  Pour s'inspirer ? Du voyage avec <u>unsacsurledos.com</u>, de l'humour avec <u>girlsandgeeks.com</u> ou de la musique avec <u>blogotheque.net</u>.

- **Le vlog ou blog vidéo** : blog dont le contenu se compose essentiellement de vidéos. C'est le média qui a connu l'essor le plus fulgurant ces dernières années, notamment grâce à la facilité avec laquelle tout le monde peut aujourd'hui prendre des vidéos de qualité avec son smartphone, ce qui n'était pas encore possible il y a dix ans. Les audiences d'un vlog se font en grande partie sur YouTube, via une chaîne YouTube.

Pour qui ? Humoriste en herbe, sportif, comédien, cuisinier, jardinier ou *gamer* ; tous ceux qui ont quelque chose à montrer et qui sont à l'aise avec le support vidéo. Mais rassurez-vous : là non plus, pas besoin d'être Martin Scorsese (cinéaste américain né en 1942) pour réaliser vos vidéos, même si quelques règles de base sont à respecter (voir <u>Bien s'équiper</u>).

Comment ? Tout comme le blog, votre vlog peut être hébergé sur <u>blogger.com</u> ou <u>wordpress.com</u>. Il existe un plug-in WordPress YouTube qui vous permet d'insérer facilement des vidéos YouTube dans vos billets. Mais si votre credo est « Pourquoi faire compliqué quand on peut faire simple ? », alors vous pouvez simplement partager vos vidéos directement sur YouTube.

Pour s'inspirer ? Du décalé avec <u>Sacha Béhar</u>, de la philo avec <u>Dany Caligula</u>, de l'aventure avec <u>NyCyLa</u> ou du septième art avec <u>Inthepanda</u>.

PETIT PLUS

Stop ! Avant de vous ruer sur YouTube pour y créer votre chaîne, suivez ces quelques étapes :

- Créez du contenu : essayez d'avoir déjà entre cinq et dix vidéos prêtes à l'emploi.
- Pensez à votre photo de profil : si vous voulez un logo, réalisez-le à l'avance ou faites-le réaliser par un graphiste ; si vous voulez une photo, choisissez-la bien (de bonne qualité et en lien avec le thème de votre chaîne). Même chose pour la bannière qui renforcera l'identité de votre chaîne.
- Choisissez le nom de votre chaîne : idéalement un nom court et facile à retenir.
- Rédigez quatre ou cinq lignes de présen-

tation de votre chaîne : là aussi, soyez original et évitez les phrases clichés du style : « Bonjour, je m'appelle Sophie et je vais vous parler de mon chat. » Donnez envie aux gens de vous suivre, titillez leur curiosité, soyez fun dans votre présentation et surtout, n'écrivez pas un texte trop long. L'exemple de description de la chaîne YouTube de Tibo InShape, dans l'onglet « À propos » : « DAAMN ! Fun, Fitness, Petites, BOUUM ! Abonne-toi ! Nouvelle vidéo toutes les semaines ! » Simple et direct !

- Pensez aux noms de vos vidéos : pensez à des noms courts et accrocheurs qui donneront envie aux internautes de cliquer sur votre vidéo. Par exemple : « ZIP MIAOU PLOUF... oups le chat ! » est un titre plus sympa que « Mon chat qui glisse dans la baignoire ».

C'est bon ? Allez, go ! Vous pouvez y aller. Faites ça bien.

Blog ou vlog, votre cœur balance ? Vous n'êtes bien évidemment pas obligé de choisir entre l'un ou l'autre. Vous pouvez combiner les deux, mais attention à la surcharge de travail. Un conseil : tenez-vous-en à votre premier objectif et commencez simplement. Si votre blog cartonne après quelque mois et que l'envie vous prend de faire des vidéos, créez votre chaîne YouTube et insérez les vidéos dans votre blog. Mais n'essayez pas de tout faire tout de suite, au risque de vous sentir submergé par la quantité de contenu à créer.

Petit plus

Votre chihuahua est très photogénique et vous décidez de partager vos photos au travers d'un blog ? N'hésitez pas à publier de temps à autre des vidéos de youtubeurs que vous aimez et qui partagent vos centres d'intérêt. Vos fans apprécieront la diversité de vos billets et auront d'autant plus de plaisir à vous suivre si vous alternez textes, vidéos et photos.

Par ailleurs, partager le travail d'autres personnes montre que vous êtes complètement dans une optique d'échange et, qui sait, ces personnes partageront peut-être elles aussi un jour un de vos billets ! Partager les publications d'autres blogueurs/youtubeurs vous permettra aussi de publier du contenu les jours où vous n'avez pas le temps de créer vous-même quelque chose.

BIEN S'ÉQUIPER

Si votre projet consiste à publier vos textes sur un blog, il y a peu à dire en matière d'équipement. La qualité de vos billets dépendra essentiellement de votre plume et de votre maîtrise de l'orthographe et de la grammaire. Soyez intransigeant là-dessus et relisez plusieurs fois votre texte avant de le publier. L'idéal est même de vous relire le lendemain ou quelques jours plus tard.

Choisissez également un titre court et accrocheur. Un mauvais titre peut gâcher un bon texte, pensez-y ! À quoi ressemble le titre idéal ? Il n'est pas trop long (environ six mots) et comprend au moins un adjectif et des chiffres (attention : écrivez « 500 », pas « cinq-cents »). Pensez aussi que les mots négatifs « sans », « ne pas » et « stop » incitent au clic.

Vous comptez agrémenter votre article d'une ou plusieurs photos ? Bonne idée ! Mais attention : choisissez des photos libres de droits d'auteur ou, encore mieux, vos propres photos. Dans ce cas, ne négligez pas la qualité. Que vous utilisiez votre smartphone ou un appareil photo reflex, ne sélectionnez que les photos nettes, claires et bien cadrées. Rassurez-vous, pas besoin d'avoir un studio photo chez vous : une fenêtre bien éclairée vous apportera assez de lumière pour le *selfie* parfait.

Pour celui ou celle qui souhaite se lancer dans les vidéos, le matériel utilisé a plus d'importance, mais là non plus, ne cassez pas votre tirelire tout de suite. Comme l'explique Tibo InShape : « J'ai commencé mes vidéos avec une caméra à 50 € achetée dans un magasin de Cash et à faire mes montages avec Windows Movie Maker... Il faut un début à tout [...] » (cité par Chiara Larivière (Estée), « Interview Tibo Inshape – Quels compléments consomme-t-il ? », in *fr.myprotein.com*)

En effet, n'investissez pas dans l'achat de matériel onéreux avant même d'avoir testé votre chaîne et d'être certain d'avoir envie de continuer dans cette voie. Rien ne vous empêchera, un peu plus tard, de mieux vous équiper si le succès est au rendez-vous.

Quoi qu'il en soit, respectez tout de même ces règles d'or :

- **Soignez le son.** C'est la règle *number one* ! Une vidéo avec une mauvaise image sera plus vue qu'une vidéo avec un mauvais son. Si vous faites une super vidéo en étant suspendu dans le vide en haut d'une falaise et que l'on n'entend rien de ce que vous dites à cause du vent, les internautes iront voir ailleurs. Dommage ! Achetez un micro. Vous pouvez déjà avoir un micro efficace à partir de 25 €.
- **Attention au mal de l'air.** Regarder une vidéo qui gigote de haut en bas et de gauche à droite, ce n'est pas très agréable. Un trépied bon marché vous permettra de stabiliser votre image et de vous concentrer sur le reste.
- **Cap sur le montage.** Ne vous filmez surtout pas en continu pendant dix minutes au risque de faire fuir tous les internautes. Réalisez des séquences courtes et montez vos vidéos de la manière la plus fun et dynamique possible. Pour commencer, il existe des logiciels gratuits

comme Windows Movie Maker. Si vous voulez aller plus loin, il existe une foule de logiciels payants. Un conseil : testez les versions d'essai avant de vous décider.

TENIR LA DISTANCE

Cela fait plusieurs semaines que vous publiez sur votre blog ou vlog flambant neuf et une petite baisse de régime se fait sentir ? Vous êtes en panne d'inspiration ou les enfants en vacances vous accaparent toute la journée ? Rassurez-vous, c'est normal. C'est comme la course à pied : vous êtes plein d'enthousiasme et d'énergie les premiers jours, puis vous accumulez de la fatigue et vos muscles commencent à vous faire mal. Et puis, c'est parfois tellement tentant de prendre l'apéro devant la télévision plutôt que d'aller faire sa séance d'entraînement. On vous comprend !

Mais si vous laissez votre activité de côté, les internautes en feront de même. Voici quelques conseils pour maintenir le cap et tenir la distance.

- **Soyez régulier.** Peu importe que vous publiiez un billet par jour ou une vidéo par semaine, mais faites-le de manière régulière. Les internautes qui aiment ce que vous faites vont commencer à vous suivre et attendront le rendez-vous que vous leur avez fixé. Si vous publiez un billet spécial bonne humeur pour bien commencer la semaine tous les lundis, vous risquez de décevoir vos fans en leur faisant faux bon trop souvent. Décidez d'un objectif de publication de manière réaliste en fonction de votre emploi du temps. Par exemple : un billet par semaine si vous êtes constamment débordé ou un billet par jour si vous êtes un lève-tôt et avez du temps tous les matins. Et gardez bien à l'esprit que votre succès ne dépendra pas de la quantité, mais de la qualité ! Une super publication chaque semaine vaut donc mieux que trois publications médiocres tous les jours.

- **Interagissez avec vos fans.** Très vite, une petite communauté va se créer autour de votre activité. N'ignorez pas vos fans, mais échangez avec eux. Ils vous envoient des questions par messages privés ? Pourquoi ne pas y répondre dans une vidéo consacrée aux questions. Ils seront ravis et vous apprécieront d'autant plus si vous communiquez avec eux. Après tout, si vous avez décidé de lancer votre blog ou vlog, c'est pour échanger. Évitez donc d'être dans le monologue à 100 % et interpellez votre public de temps à autre. Parce qu'une relation saine, ça fonctionne dans les deux sens.

- **Diversifiez vos publications.** Variez le type de publications pour ne pas lasser vos fans. Votre truc, c'est d'écrire des critiques de cinéma et rien d'autre ? C'est très bien, mais rien ne vous empêche de publier de temps en temps une vidéo humoristique en lien avec le cinéma ou une photo d'un tournage, par exemple. Si vous ne publiez que des textes, vous risquez de lasser votre audience, car même le plus féru des critiques cinéma aime rire devant une chouette vidéo de temps en temps. Petit conseil : lorsque vous partagez le travail d'un autre blogueur, faites-le aussi sur votre page Facebook en le mentionnant (en tapant @ suivi du nom de sa page). Qui sait ? Il vous rendra peut-être la pareille un jour, l'occasion pour ses milliers de *followers* de vous connaître.

De façon générale, si vous vous lancez dans l'aventure de la publication de contenu en ligne, prenez garde d'éviter ces quelques pièges.

- **Espérer devenir riche.** Bien sûr, il est normal d'espérer le succès de votre activité et de fêter la barre des 1 000 fans atteinte. Il faut cependant avoir des attentes réalistes et espérer devenir très riche grâce à votre activité web n'en est pas un. Comme l'explique Tibo InShape :

  > « Les jeunes qui croient que parce qu'on a un million d'abonnés sur YouTube on est millionnaire se trompent. Mes vidéos me rapportent un peu plus que le SMIC, mais ça me suffit parce que j'habite encore chez mes parents, que je mange tous les jours du riz et de la dinde, ce qui ne coûte pas cher, et que je ne sors pas. Si l'argent était ma motivation, je ferais autre chose. » (cité par RAYNAUD (Claire), « Tibo InShape : le bodybuilder toulousain qui règne sur internet ! », in *ladepeche.fr*, 20 mars 2016)

- **Se laisser décourager par les critiques.** Autant vous le dire tout de suite : vous allez recevoir des critiques positives, mais aussi des critiques négatives, voire dans certains cas carrément haineuses. Ne vous concentrez que sur les gens qui émettent des critiques constructives et devenez meilleur grâce à eux. Si une critique est négative, mais bien formulée et constructive, il faut la prendre en compte. Si par exemple plusieurs personnes se plaignent de la qualité de son de vos vidéos, remerciez-les et résolvez le problème au plus vite. L'avis de Norman :

- **Être trop commercial.** Nous l'avons déjà dit : si vous n'êtes pas sincère, les internautes le remarqueront très vite. Personne n'a envie de suivre le blog de quelqu'un de trop commercial. Par contre, les personnes honnêtes et passionnées par ce qu'elles font attirent du public. C'est comme dans la vie, vous allez plus facilement vous lier avec quelqu'un de sincère que quelqu'un qui essaie de vous manipuler en usant de faux-semblants. « Plus les vidéos font de vues, plus je gagne de l'argent. Si je veux faire un milliard de clics, je peux… Je montre des seins, etc… Mais les gens ne sont pas cons, Internet éduque les gens, ils savent qui sont les requins. Dès que c'est trop commercial, ils se cassent ! », raconte Norman (cité par FRERE (Xavier), « Norman : "Je suis devant la caméra comme je suis dans la vraie vie" », in *estrepublicain.fr*)

- **Se lancer sans avoir le temps.** Soyons clairs : si vous n'avez pas de temps à consacrer à votre activité web, gardez votre idée en tête, mûrissez-la et lancez-vous plus tard. La moitié des blogs ferment faute de temps pour bloguer. Si vous investissez votre énergie dans la création d'un blog ou d'une chaîne YouTube et que vous ne publiez finalement que deux billets ou vidéos par an, cela en vaut-il vraiment la peine ? Une chose est sûre, peu de gens auront alors envie de vous suivre.

- **Respecter les formats classiques.** Les tutoriels maquillage dans une chambre ou les sketches dans son salon, c'est chouette, mais déjà vu des centaines de fois. Libérez votre imagination non seulement en termes de contenu, mais aussi en termes de format. Comme le dit Joachim Azoulay, coordinateur nouveaux médias à l'ESRA (École supérieure de réalisation audiovisuelle) : « On peut tout traiter sur YouTube. » (cité par KARAYAN (Raphaële), « Cinq conseils pour faire des vidéos Youtube à succès », in *lexpansion.lexpress.fr*) Par exemple la nouvelle tendance du « sketch-métrage », un type de fiction entre le sketch et le court-métrage. Ne vous limitez pas à ce que vous connaissez, essayez d'aller au-delà de ce qui existe déjà.

PETIT PLUS

Et l'argent dans tout ça ? Autant vous le dire tout de suite : oui, vous pouvez gagner de l'argent grâce à votre blog, mais la rentabilité est très faible. Et si certaines stars du Web gagnent leur vie grâce à leur blog ou leur chaîne YouTube, c'est le résultat d'un long et dur labeur.

Pour gagner un peu d'argent, vous pouvez insérer des publicités dans votre blog, mais attention : c'est souvent désagréable pour les lecteurs et vous n'avez aucun contrôle sur le type de publicité. Imaginez une pub pour des pilules amincissantes sur votre blog « Ronde et belle » ? Pas très crédible...

Il y a aussi les articles sponsorisés (vous écrivez une critique positive sur un produit en échange d'une rémunération) ou encore les produits cadeaux (si vous avez un blog influent autour du maquillage, vous recevrez peut-être des produits offerts par les marques ou des invitations à des événements). Un conseil : ne vous concentrez pas sur la rentabilité, mais sur la qualité de votre blog.

TOP CONSEILS

- **Publiez souvent.** Dites-vous bien que le nombre de vos visiteurs sera proportionnel à la fréquence de vos publications. Pas de panique non plus : vous ne devez pas publier quatre vidéos ou billets par jour. L'important, c'est la régularité : une publication chaque semaine vaut mieux que quatre vidéos en une journée et puis plus rien pendant six mois. Fidélisez votre public et donnez-lui un rendez-vous à attendre avec impatience tous les matins ou tous les mardis soirs, par exemple. Ayez cependant des objectifs réalistes en fonction de votre temps libre et ne sous-estimez pas le temps consacré à chaque post, comme l'explique Tibo InShape : « Sachant que je mets en ligne entre deux et trois vidéos par semaine, c'est un vrai boulot à plein-temps. » (cité par Raynaud (Claire), « Tibo InShape : le bodybuilder toulousain qui règne sur internet ! », in *ladepeche.fr*, 20 mars 2016)
- **Soyez patient.** Le succès se construit sur le long terme. Ne vous attendez pas à être suivi

par un million de personnes dès la première semaine. Essayez de vous focaliser sur la qualité de vos contenus plutôt que sur le nombre de petits pouces bleus. Si vous êtes passionné et persévérant, de plus en plus de personnes vous suivront. Il vaut mieux se créer une communauté fidèle et qui apprécie réellement votre travail plutôt que de vouloir à tout prix atteindre un grand nombre de fans, quels qu'ils soient. Il vaut mieux dix personnes qui partagent votre vidéo avec leur réseau plutôt que 100 personnes qui ne partagent pas vos contenus.

- **Écoutez vos fans.** Parce qu'au-delà des critiques négatives, il peut y avoir des critiques constructives qui vous font évoluer, comme l'explique Mister Mondialisation :

> « J'ai l'impression que beaucoup de personnes essayent de détruire ceux qui essaient de construire quelque chose. Après, la critique, quand elle est constructive, est évidemment la bienvenue. Il est souvent arrivé que je réoriente une information ou un avis en fonction des retours que j'ai de mes lecteurs. » (cité par BOROWIAK (Christine), « Mister Mondialisation, le (très) discret carolo star du web », in *rtbf.be*)

- **Parlez à vos fans d'égal à égal.** Votre capital sympathie sera plus grand si vous parlez au public comme le ferait un ami. Si vous êtes imbu de vous-même ou moralisateur, les internautes iront vite voir si le web est plus vert ailleurs. Elsa MakeUp l'a bien compris : « J'ai toujours fait en sorte de garder cette relation "entre copines", donc je leur parle des produits avec la même sincérité que je le ferais si j'étais avec mes amies. » (cité par ERGISI (Helena), « Elsa MakeUp : "Mes fans m'ont beaucoup aidée à gagner en assurance" », in *beaute.fr*)

- **Différenciez-vous.** On ne le dira jamais assez : cultivez votre originalité et n'essayez pas de copier les autres. Il n'y a pas de mal à s'inspirer de certaines personnes que vous admirez, mais essayez de vous démarquer et de vous créer une vraie identité. Norman explique :

> « L'avantage d'Internet, c'est que tout le monde peut se lancer, ce n'est pas élitiste. La meilleure solution pour marquer les esprits, c'est de se différencier des autres. Le problème, c'est qu'aujourd'hui de nombreux youtubeurs reprennent les idées des autres. On sort un *draw my life* [« ma vie en dessin » est un type de vidéo dans lequel l'auteur raconte sa vie par dessins], ils

le font, on sort un clip, ils le font aussi. » (cité par GUICHARD (Alexandra), « En tête à tête avec Norman (interview exclusive) », in *aufeminin. com*)

- **Soyez dans le partage**. La grippe vous cloue au lit pendant dix jours et vous angoissez à l'idée de laisser votre activité en plan ? Relâchez la pression et partagez ce que vous vivez avec vos fans. Réalisez une courte vidéo pour expliquer que vous êtes malade ou publiez une photo de votre montagne de mouchoirs sur Instagram. Vos fans sont eux aussi humains et vous apprécieront d'autant plus en voyant que vous êtes honnête et dans le partage. Soyez vrai et restez proche des internautes. Rassurez-vous : personne ne s'attend à ce que vous soyez une machine de guerre derrière votre écran d'ordinateur 24 heures sur 24, 7 jours sur 7. Relax !
- **Amusez-vous.** Le plaisir est contagieux, alors mettez-en le plus possible dans ce que vous faites. Et plus vous vous amuserez en faisant vos vidéos par exemple, plus vous aurez envie d'en faire et de les partager. N'oubliez pas que votre activité 2.0 doit d'abord être un plaisir pour vous. Comme l'explique Norman : « Je ne me suis jamais inspiré de quelqu'un pour

faire mes vidéos, je l'ai fait tout seul, sponta-
nément, avec ce qui me faisait marrer. » (cité
par FRERE (Xavier), « Norman : "Je suis devant
la caméra comme je suis dans la vraie vie" », in
estrepublicain.fr)

- **Ne choisissez pas votre pseudo à la légère**.
  Autant vous le dire tout de suite : « Les petits secrets de Sophie » ou « Dans la cuisine
  de Tom », c'est du déjà-vu, revu, mâché et
  remâché ! Tout comme pour la création de
  votre blog ou vlog, prenez le temps de bien
  faire les choses et ne vous lancez pas dans la
  précipitation. Faites une liste de pseudonymes
  qui vous parlent, faites des brainstormings
  avec vos amis et recommencez jusqu'à ce que
  vous trouviez LE pseudo original qui vous ressemble. N'oubliez pas : votre pseudo sera en
  quelque sorte votre double identité, c'est par
  votre pseudo que les gens se souviendront de
  vous.

- **Sortez de chez vous.** C'est bien de passer du
  temps devant votre ordinateur à peaufiner
  votre blog, mais si vous ne vous ouvrez pas
  au monde, vos fans vont vite se lasser. Et
  c'est valable pour vous aussi : après avoir
  épuisé vos sujets de prédilections, vous allez

vite vous trouver en panne d'inspiration. Un conseil en or : partez à la découverte de ce qui se fait ailleurs. Vous avez un vlog cuisine ? Profitez de vos vacances pour filmer un atelier cuisine exotique. Vous êtes branché muscu comme Tibo InShape ? Partez à la rencontre de sportifs d'autres disciplines et réalisez des mini-interviews pour comparer vos sports. Ne restez pas trop centré sur votre activité, au risque d'ennuyer votre public.

- **Soyez organisé.** Agenda avec codes couleur, pense-bêtes qui recouvrent tous les murs de votre appartement, rappels sur votre smart-phone, petits carnets pour noter vos idées, etc. Quelles que soient vos petites manies pour vous aider à rester organisé, continuez ! Parce que la gestion d'un blog ou chaîne YouTube, en plus d'une vie professionnelle et d'une vie de famille, ça peut vite devenir source de stress si vous n'êtes pas bien organisé.

FAQ

QUE FAIRE LES JOURS OÙ JE N'AI VRAIMENT PAS DE TEMPS À CONSACRER À MON ACTIVITÉ WEB ?

Ne vous mettez pas trop la pression : l'important est de donner à manger à vos fans de manière régulière… Mais pas obligatoirement du caviar à chaque repas ! Si vous n'avez pas le temps d'écrire un billet ou de réaliser une vidéo, vous pouvez partager le post d'un autre blogueur ou youtubeur que vous aimez, publier une photo qui reflète votre humeur du jour, poster un GIF drôle, etc. Les possibilités sont infinies. Tout est possible tant que vous respectez le thème de votre activité et l'intérêt de vos fans (ne publiez pas une recette de tarte Tatin si votre chaîne YouTube traite de mécanique).

JE SUIS TIMIDE ET J'AI PEUR D'ÊTRE RIDICULE, CE N'EST DONC PAS POUR MOI… SI ?

Bien sûr que si ! Vous êtes timide ? Rassurez-vous, vous n'êtes pas le seul. Comme Elsa : « J'étais pourtant renfermée, très timide et pas vraiment à l'aise devant une caméra ! Finalement, je me suis prise au jeu et j'ai accroché tout de suite. » (cité par DE TROGOFF (Chloé), « Elsamakeup : le fabuleux destin d'Elsa, beauty addict en fauteuil roulant », in *puretrend.com*) Toutes les vedettes d'Internet ne sont pas des comédiens en puissance, au contraire. Même Norman explique qu'il a « deux facettes : […] un peu timide parfois, et parfois extraverti. » (cité par FRERE (Xavier), « Norman : "Je suis devant la caméra comme je suis dans la vraie vie" », in *estrepublicain.fr*)

Quant au ridicule, rassurez-vous : on s'y habitue. Même le plus influent des blogueurs se sent ridicule lorsqu'il se filme et parle tout seul devant sa caméra. Mais si vous laissez vos peurs vous contrôler, vous ne vous lancerez jamais. Soyez simplement vous-même et concentrez-vous sur les retours positifs des personnes qui aiment ce que vous faites : un vrai *booster* de confiance en soi !

J'AI DES IDÉES, MAIS LE CÔTÉ TECHNIQUE ME FAIT PEUR, COMMENT FAIRE ?

Les blogueurs sont généreux, profitez-en ! Que vous cherchiez des conseils pour faire de la photo culinaire, monter des vidéos ou rédiger l'article le plus lu de tous les temps, la réponse à toutes vos questions se trouve très probablement sur Internet. La plupart des blogueurs expérimentés partagent leurs conseils et leurs expériences avec les internautes. Installez-vous confortablement, faites une petite recherche sur Google et hop ! C'est parti pour quelques heures de lecture qui vous aideront à commencer votre activité sur de bonnes bases.

COMMENT FAIRE POUR QUE LES INTERNAUTES M'AIMENT ?

Un conseil en or : soyez vous-même. « Dès le départ, j'ai été naturel dans ma démarche. J'ai essayé d'être moi-même, dans ce que j'exprime, dans ce que partage », explique le blogueur altermondialiste Mister Mondialisation (cité par Borowiak (Christine), « Mister Mondialisation, le (très) discret carolo star du web », in *rtbf.be*). Tout comme lors d'un entretien d'embauche, soyez vous-même et n'essayez surtout pas d'imiter quelqu'un. Si vous êtes plutôt sérieux, n'essayez pas d'être drôle. Les internautes le remarqueront très vite et vous ne parviendrez pas à tenir la distance avec une fausse identité.

FAUT-IL FAIRE LE BUZZ POUR RÉUSSIR ?

Pas obligatoirement. En tout cas : ne cherchez pas à faire un buzz à tout prix. Vous allez y consacrer beaucoup d'énergie et vos fans risquent de se rendre compte que vous faites quelque chose de calculé. Si vous n'êtes pas sincère, les internautes le remarqueront. Par ailleurs, un buzz mis en scène est souvent vite oublié. Faites ce que vous aimez avec passion et un buzz arrivera peut-être tout naturellement. Pour avoir plus de chance d'y arriver, comme déjà dit précédemment, dé-marquez-vous. Les publications qui font le buzz montrent en général quelque chose que les gens n'ont encore jamais vu. Alors, n'hésitez pas à sortir des sentiers battus et à penser *out of the box*.

POURRAIS-JE GAGNER MA VIE AVEC MON BLOG, MES VLOGS OU MA CHAÎNE YOUTUBE ?

C'est possible, mais cela ne doit pas être votre objectif premier, au risque d'être déçu. Certains gagnent leur vie grâce à leur chaîne YouTube, comme Norman : « Je gagne ma vie grâce aux régies publicitaires, avec les publicités qui sont liées à mes vidéos. » (cité par FRERE (Xavier), « Norman : "Je suis devant la caméra comme je suis dans la vraie vie" », in *estrepublicain.fr*) Il est aussi possible de gagner quelques centaines d'euros par mois, une belle manière d'arrondir vos fins de mois.

Mais votre présence sur le Web peut aussi vous ouvrir d'autres portes : un employeur ou une marque pourrait vous remarquer et vous proposer un contrat. Si vous êtes à la recherche d'un emploi dans le domaine créatif, avoir un vlog décalé peut s'avérer un bel atout. *Idem* si vous recherchez un travail dans le domaine de la beauté par exemple : avoir une chaîne beauté suivie par des milliers de personnes vous apporte une crédibilité non négligeable. L'essentiel est avant tout de faire ce que vous aimez et de ne pas trop cogiter, alors foncez !

COMMENT LANCER UNE CHAÎNE YOUTUBE MODE QUI MARCHE QUAND IL EN EXISTE DÉJÀ DES DIZAINES ?

Tout d'abord, ne partez pas perdant : Norman et Cyprien font tous les deux des vidéos drôles basées sur le quotidien et ont tous les deux réussi. Pourquoi ? Notamment grâce à leur personnalité très forte et différente.

Ensuite, identifiez ce qui vous différencie. Si c'est votre humour, mariez mode et sketches par exemple. Vous êtes la reine du slam ? Faites des vidéos pour parler de la mode... en slamant ! Vous avez le contact facile ? Partez à la rencontre des *fashionistas* de votre région et réalisez des interviews en vidéo. Les possibilités sont infinies, il suffit simplement d'identifier ce qui fait de vous quelqu'un d'unique. Vous n'en avez aucune idée ? Demandez à vos proches ce qu'ils en pensent, après tout ils vous connaissent mieux que quiconque.

À VOUS DE JOUER !

Ça y est, votre motivation est au maximum. Vous n'avez qu'une seule envie, vous lancer dans l'aventure... Mais vous ne savez pas par où commencer ? Pas de panique, suivez ces quelques étapes pour vous mettre le pied à l'étrier et devenez la prochaine star *online* dont tout le monde parle.

VOTRE IDENTITÉ

Vous savez que vous voulez vous lancer dans l'aventure 2.0, mais vous ne savez pas encore très bien dans quelle direction ? Rassurez-vous : on a tous au moins un talent à exploiter, il suffit de le trouver. Et si vous pensez qu'avoir du talent, c'est obligatoirement savoir faire quelque chose d'incroyable comme jongler avec dix torches de feu ou manger 20 hot-dogs en moins d'une minute, oubliez tout ce que vous pensiez savoir. Car le talent, c'est simplement un domaine pour lequel vous êtes et avez toujours été bon.

Prenez une feuille et listez les choses que vous aimiez faire lorsque vous étiez enfant. Ensuite, listez toutes les choses que vous faites bien, facilement et avec plaisir dans votre vie d'adulte. Pour aller plus loin, vous pouvez aussi demander à vos amis quels sont vos points forts. Demandez-leur d'être précis. Recoupez les trois listes, votre talent s'y cache probablement !

VOTRE PROJET

Définissez au maximum votre projet pour être certain de ne pas vous égarer en chemin et pour avoir une idée claire des objectifs que vous souhaitez atteindre. Pour cela, prenez une feuille et répondez par écrit aux questions suivantes :

- Quelle sera la thématique de mon activité web ? Pourquoi ?
- Vais-je utiliser mon vrai nom ou un pseudonyme ? Lequel ?
- Quel nom vais-je donner à mon blog, vlog ou chaîne YouTube ?
- Vais-je créer un logo ? Si oui, lequel et réalisé par qui ?
- Combien de billets ou vidéos vais-je publier par semaine ?

- Combien d'heures par semaine puis-je consacrer à mon activité web ?
- Quelle audience vais-je viser ? Pourquoi ?
- Quelle est ma vision du succès ?

VOTRE CALENDRIER

Réalisez un agenda de mise en ligne de vos publications pour le mois à venir. Cela vous permettra d'avoir une idée claire de vos futures publications et de gérer au mieux votre emploi du temps. Suivez ces trois étapes :

- Évaluez le temps libre dont vous disposez dans les 30 prochains jours.
- Indiquez en rouge les contenus que vous souhaitez publier.
- Indiquez en vert les moments consacrés à la préparation de vos contenus.

Cet agenda vous permettra d'avoir une bonne vue d'ensemble du travail à réaliser dans le mois à venir. Renouvelez l'opération chaque mois et pensez aussi aux événements annuels qui vous donneront de l'inspiration en termes de contenus : une recette tout chocolat à Pâques, un billet spécial Saint-Valentin en février ou un tutoriel *make-up* à paillettes en fin d'année.

Votre avis nous intéresse !
Laissez un commentaire sur le site de votre
librairie en ligne et partagez vos coups de cœur sur
les réseaux sociaux !

POUR ALLER PLUS LOIN

SOURCES BIBLIOGRAPHIQUES

- Amaranthe Web Agency, « Gagner de l'argent grâce à son blog ? », in *amaranthe.be*, 5 février 2013, consulté le 23 mai 2017. http://www.amaranthe.be/blog/blogging/gagner-de-largent-grace-a-son-blog

- Borowiak (Christine), « Mister Mondialisation, le (très) discret carolo star du web », in *rtbf.be*, 11 avril 2016, consulté le 9 mai 2017. https://www.rtbf.be/info/regions/detail_mister-mondialisation-le-tres-discret-carolo-star-du-web?id=9265166

- Chiara Larivière (Estée), « Interview Tibo Inshape – Quels compléments consomme-t-il ? », in *fr.myprotein.com*, 2014, consulté le 23 mai 2017. http://fr.myprotein.com/thezone/complements-alimentaires/interview-tibo-inshape/

- De Trogoff (Chloé), « Elsamakeup : le fabuleux destin d'Elsa, beauty addict en fauteuil roulant », in *puretrend.com*, 30 octobre 2014, consulté le 30 mai 2017. http://www.puretrend.com/article/elsamakeup-le-fabuleux-destin-d-elsa-beauty-addict-en-fauteuil-roulant_a95251/1#media_id=1109069

- Do it Yvette, *Blog it yourself ! Créer son blog, le développer et en vivre*, Paris, Eyrolles, 2015.

- ERGISI (Helena), « Elsa MakeUp : "Mes fans m'ont beaucoup aidée à gagner en assurance" », in *beaute.fr*, consulté le 9 mai 2017. http://www.beaute.fr/article/elsa-makeup-beauty-gourou-sur-youtube-mes-fans-m-ont-beaucoup-aidee-a-gagner-en-assurance_a7073/1

- FRERE (Xavier), « Norman : "Je suis devant la caméra comme je suis dans la vraie vie" », in *estrepublicain.fr*, 4 octobre 2014, consulté le 9 mai 2017. http://www.estrepublicain.fr/actualite/2014/10/04/norman-je-suis-devant-la-camera-comme-je-suis-dans-la-vraie-vie

- GUICHARD (Alexandra), « En tête à tête avec Norman (interview exclusive) », in *aufeminin.com*, 28 octobre 2015, consulté le 9 mai 2017. http://www.aufeminin.com/news-loisirs/interview-norman-fait-des-videos-s1620608.html

- KARAYAN (Raphaële), « Cinq conseils pour faire des vidéos Youtube à succès », in *lexpansion.lexpress.fr*, 9 octobre 2014, consulté le 24 mai 2017. http://lexpansion.lexpress.fr/high-tech/cinq-conseils-pour-faire-des-videos-youtube-a-succes_1609483.html

- MORICARD (Sébastien) et PUYSSEGUR (Alain T.), *Le guide des youtubers*, Paris, Castelmore, 2016.

- RAYNAUD (Claire), « Tibo InShape : le bodybuilder toulousain qui règne sur internet ! », in *ladepeche.*

fr, 20 mars 2016, consulté le 9 mai 2017. http://
www.ladepeche.fr/article/2016/03/20/2307956-
tibo-inshape-le-bodybuilder-toulousain-qui-regne-
sur-internet.html

SOURCES COMPLÉMENTAIRES

- BRIOT (Stéphane), *Bien utiliser son blog. Création,
  visibilité, influence et performance*, Paris, Eyrolles,
  2017.

- CIAMPA (Rob), MOORE (Theresa) *et alii*, *Créer et
  animer une chaîne YouTube pour les nuls*, Paris, First
  Interactive, 2017.

- GALÈS (Gérard), *Le guide pratique du vidéaste.
  Matériel, tournage, montage : apprenez à filmer
  comme un pro*, Malakoff, Dunod, 2011.

- VIET (Jean-Baptiste), *YouTubeur. Créer des vidéos
  et des millions de vues sur YouTube*, Paris, Eyrolles,
  2016.

FILMS ET DOCUMENTAIRES

- *Nos petites histoires*, documentaire de Valentin
  Vincent et Julien Josselin, France, 2016.

www.50minutes.fr

Éditeur responsable : Lemaitre Publishing
Avenue de la Couronne 159 | BE-1050 Bruxelles
info@lemaitre-editions.com

ISBN ebook : 978-2-8080-0734-4
ISBN papier : 978-2-8080-0735-1
Dépôt légal : D/2017/12603/942
Photo de couverture : © Jessmine – Fotolia.com

Conception numérique : Primento,
le partenaire numérique des éditeurs.